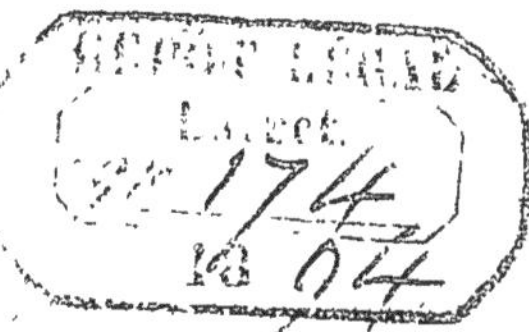

INSTITUT DE FRANCE

ACADÉMIE DES SCIENCES MORALES ET POLITIQUES

DE LA PRESCRIPTION EN DROIT CIVIL

PAR

R. DARESTE

MEMBRE DE L'INSTITUT

EXTRAIT DU COMPTE RENDU

De l'Académie des sciences morales et politiques

(INSTITUT DE FRANCE)

PAR MM. HENRY VERGÉ ET P. DE BOUTAREL

Sous la direction de M. le Secrétaire perpétuel de l'Académie

PARIS

LIBRAIRIE PICARD ET FILS, ÉDITEURS

82, RUE BONAPARTE, 82

1894

DE LA PRESCRIPTION

EN DROIT CIVIL

« La prescription, porte l'article 2219 de notre Code civil, est un moyen d'acquérir ou de se libérer par un certain laps de temps, et sous les conditions déterminées par la loi ». Cette institution est commune à tous les pays civilisés. La nécessité en est évidente, car sans elle il n'y a de sécurité ni pour la propriété ni pour le commerce. Elle est d'ailleurs conforme à la justice, car s'il est vrai que *cent ans d'usurpation ne font pas un an de droit*, il ne l'est pas moins que celui qui a un droit est tenu de le conserver et ne peut s'en prendre qu'à lui-même s'il le perd par sa négligence. Mais, si l'institution est aujourd'hui généralement acceptée, l'histoire nous montre qu'on n'y est pas arrivé du premier coup. Comment la règle s'est-elle dégagée? par quelles phases a-t-elle passé? a-t-elle trouvé sa formule définitive, ou bien le travail latent dont elle est le résultat, doit-il se continuer? et en ce cas quelles mesures le législateur aurait-il à prendre? C'est ce qu'on se propose de rechercher dans le présent travail. Il ne s'agit pas ici, on le comprend, d'écrire une histoire complète, encore moins de construire une théorie. Nous nous attacherons à quelques faits saillants et caractéristiques. Nous tâcherons d'en tirer d'abord une idée générale et ensuite quelques conclusions pratiques.

Si l'on remonte aux lois les plus anciennes, à celles du moins qui nous sont connues et qui constituent pour nous le droit primitif, on est frappé de ce fait qu'elles ne parlent pas de prescription extinctive. A l'époque où l'État apparut pour la première fois dans l'histoire, on commença par instituer des juges et par créer des actions, c'est-à-dire des moyens de faire cesser toute atteinte portée à un droit, et d'obtenir une juste réparation. Quant à limiter par le temps l'usage de ces actions, on n'y songea même pas. Aussi bien l'intérêt personnel suffisait, en fait, pour presser la partie lésée de réclamer satisfaction. D'autre part, le temps écoulé, si long qu'il fût, ne portait aucun préjudice à la preuve, tant qu'on ne connut d'autre preuve que le jugement de Dieu et le serment. Il en fut autrement lorsqu'à ces moyens mécaniques on eut substitué le témoignage et les documents écrits. On sentit alors la nécessité d'imposer à l'exercice des actions une certaine limite de temps. C'est ainsi que s'introduisit la prescription extinctive.

Au contraire, la prescription acquisitive est en quelque sorte de droit commun dans toutes les anciennes lois. L'occupation d'une terre, la possession, c'est-à-dire le travail et la culture, prolongée pendant un certain temps, constituait tout au moins une présomption, souvent même une preuve complète de propriété. La durée de la possession exigée pour prescrire était en général très courte, une année, par exemple, c'est-à-dire le temps nécessaire pour labourer et faire une ré olte, ou tout au plus deux ou trois années, suivant la durée de l'assolement.

Dans les premiers temps de la Grèce, on ne trouve aucune trace de la prescription extinctive. Elle apparaît pour la première fois dans les lois de S lon, et seulement en ce qui concerne les actions civiles, dont la durée fut fixée uniformément à cinq ans. Par exception, l'engagement des cautions ne durait qu'un an. Quant aux actions criminelles, pour sacrilège, meurtre ou blessures, elles restèrent perpétuelles. Plus tard, lorsque le législateur créa des crimes et délits politiques, les poursuites durent être intentées dans le délai d'un an.

Existait-il en Grèce une prescription acquisitive? Sur ce point les documents nous font défaut. Peut-être le besoin s'en faisait-il moins sentir, en raison de la publicité des transmissions de propriété immobilière. Ce qu'il y a de certain, c'est qu'à toute époque la longue possession a été considérée comme le signe de la propriété. Quoi qu'il en soit, l'idée n'était pas étrangère aux Grecs. Platon lui fait une place dans la législation idéale qu'il est censé donner à la Crète. On la trouve encore dans les édits faits par les Ptolémées pour les tribunaux grecs de l'Égypte, édits qui consacraient formellement la prescription acquisitive, tout en laissant au juge, à ce qu'il semble, une grande latitude d'appréciation. Enfin une induction très forte se tire d'une loi d'Halicarnasse, du milieu du ve siècle avant notre ère, loi transitoire et de circonstance, il est vrai, mais qui a dû emprunter ses formes au droit commun. A la suite d'une révolution qui a réintégré les bannis, ces derniers ont été admis à revendiquer les biens dont ils ont été dépouillés. Si leur action est intentée dans un délai de dix-huit mois, ce sont eux qui feront la preuve par leur serment, appuyé de la déclaration des Mnémons. Mais, si l'action n'est intentée qu'après ce délai, ce seront les détenteurs qui feront la preuve par leur serment, et ils seront déclarés propriétaires, s'ils ont une possession paisible et continue depuis la date du décret. Il est difficile de ne ne pas reconnaître là quelques-uns des caractères de la prescription acquisitive.

En tout cas, si les lois grecques nous laissent encore quelque incertitude, il en est autrement des lois romaines. Nous savons positivement qu'à Rome, toutes les actions étaient originairement perpétuelles. Il est vrai que les actions pénales s'éteignaient par le décès de l'auteur du délit, mais l'héritier pouvait toujours être poursuivi *de eo quod ad eum pervenerat*. La prescription n'apparaît qu'avec l'Édit du préteur. Les actions créées par ce magistrat n'étaient en général données que pour un an, *intra annum*. Les actions édiliciennes, comme l'action rédhibitoire, par exemple, furent aussi soumises à des termes très courts. Quant aux actions fondées sur des lois ou des sénatus-consultes, elles restèrent toujours perpétuelles. Nous ne parlons pas des dispositions particulières qui créèrent, pour certains cas déterminés et par exception, des termes de prescription différents.

A la différence de la prescription extinctive, l'acquisition par l'usage, *usucapio*, remonte à la plus ancienne époque du droit romain. Celui qui avait possédé une terre *animo domini* pendant deux ans en devenait par là-même propriétaire. Le délai de deux ans répondait à l'assolement biennal qui était pratiqué en Italie, au dire de Varron. La loi ne parlait que des fonds de terre, mais dans la pratique on l'appliqua à la propriété bâtie. Nous ne parlons pas des meubles ; nous rappelons seulement que pour les meubles, le délai de l'usucapion était réduit à un an. Telle fut certainement l'usucapion primitive. Plus tard, probablement bien après la loi des XII Tables, les jurisconsultes, pressant l'idée de possession paisible, exigèrent comme condition de l'usucapion le juste titre et la bonne foi. L'usucapion prit alors un nouveau caractère. Elle avait été d'abord un moyen d'acquérir indépendant de tout autre. Elle devint un moyen de compléter une acquisition imparfaite ou de valider un acte nul, et pourtant il resta encore en certains cas quelques traces du caractère primitif de l'institution. Ainsi l'usucapion *pro herede*, c'est-à-dire l'usucapion des choses comprises dans une succession, fut dispensée de la condition de bonne foi.

L'usucapion ne pouvait profiter qu'aux citoyens romains et ne s'appliquait qu'au sol italien. Pour les *peregrini* et le *provinciale solum* on trouva un équipollent, emprunté sans doute au droit indigène et probablement au droit grec. Ce fut la *longi temporis possessio* dont la durée fut fixée uniformément à dix ans entre présents, c'est-à-dire entre habitants d'une même province, et à vingt ans entre absents, c'est-à-dire entre habitants de provinces différentes. Ce n'était originairement qu'un moyen de défense, une *exception;* avec le temps elle se transforma en une véritable action. Du reste, la bonne foi et le juste titre furent exigés comme pour l'usucapion. C'était en somme l'usucapion soumise à un délai beaucoup plus long.

Ajoutons, pour compléter ce tableau, que les actions criminelles étaient presque toutes soumises à la prescription extinctive de vingt ans. Par exception, la poursuite des délits prévus par la loi *Julia* se prescrivait par cinq ans. En trois cas seulement la poursuite était imprescriptible, à savoir le parricide, la *suppositio partus* et l'apostasie.

Tel fut l'état du droit romain jusqu'au ve siècle de notre ère. Le système était incohérent et incomplet et ne donnait pas au commerce la sécurité dont il a besoin. On se décida à le refondre. En 424, Théodose II soumit toutes les actions, tant réelles que personnelles, à la prescription extinctive de trente ans. Enfin, en 531, Justinien fondit ensemble l'usucapion et la possession de long temps. Le délai fut fixé uniformément à trois ans pour les meubles, à dix ou vingt ans pour les immeubles.

Par exception, le délai de la prescription extinctive fut porté, en certains cas, de trente ans à quarante ans ; nous n'en parlons ici que pour mémoire.

Ces deux Constitutions de 424 et de 531 ont fondé un système qui a eu l'heureuse fortune de se maintenir en vigueur jusqu'à nos jours, du moins dans ce qu'il a d'essentiel. Avant de le suivre sur le territoire français, à travers le moyen âge et les temps modernes, il est à propos de jeter un coup d'œil sur les peuples dont le droit s'est formé et développé en dehors de l'influence romaine. On nous pardonnera d'aller chercher des exemples à de grandes distances de temps et de lieu, en Orient et dans l'Europe septentrionale. Plus ces peuples sont éloignés de nous, plus il est intéressant de retouver chez eux une évolution analogue des idées juridiques.

La prescription libératoire paraît avoir été inconnue aux anciens peuples de l'Orient, Égyptiens, Juifs, Hindous, Perses, Arabes. Elle fut introduite en Égypte par les édits des Ptolémées. Chez les Juifs, il n'y en a aucune trace avant la Mischna, c'est-à-dire avant la domination romaine. Au contraire, la prescription acquisitive remonte à la plus haute antiquité. Tous les codes brahmaniques en parlent, à l'exception de celui de Manou, qui se borne à dire que la terre appartient à celui qui l'a le premier défrichée, comme la gazelle à celui qui l'a blessée le premier. La possession continuée pendant dix ans selon les uns, pendant trois générations selon les autres, tient lieu de titre; seulement le cours de la prescription est suspendu à l'égard des mineurs et des idiots. Dans les codes brahmaniques les moins anciens, les idées romaines semblent avoir exercé quelque influence. Yajnavalkya admet une prescription de vingt ans pour la terre et de dix ans pour tous les autres biens. Narada déclare que la possession vaut titre quand elle a duré dix ou vingt ans, suivant les cas, au vu et su du propriétaire, et prévaut même contre tout autre titre lorsqu'elle a été transmise à trois générations, de père en fils.

Chez les anciens Perses, d'après le Talmud, la propriété des immeubles s'acquérait par la possession continuée pendant quarante ans.

Il peut sembler, au premier abord, que la législation de l'Islam est allée bien plus loin; car elle paraît n'admettre aucune prescription d'aucun genre. Suivant le Koran, la terre appartient à celui qui a le plus ancien titre en remontant jusqu'à l'introduction de l'Islam. Mais si tel est le principe théorique, il s'en faut de beaucoup qu'on l'applique à la rigueur. Une des quatre sectes orthodoxes, celle de Malek, dont la doctrine est suivie en Algérie, admet la prescription comme moyen d'acquérir, par dix ans entre étrangers et par quarante ans entre parents. Les Turcs, quoique musulmans, ont emprunté à la législation byzantine une prescription de quinze ans, qui est portée à trente six ans au profit des établissements religieux.

C'est sans doute sous l'influence de l'islamisme que certaines populations du Caucase, telles que les Ossètes et les Khevsures ne connaissaient jusqu'à ces derniers temps aucune sorte de prescription. Il y a eu des exemples récents de procès intentés contre des débiteurs plus de 200 ans après l'échéance de la dette (1) !

Si nous passons à l'Extrême-Orient, nous avons des renseignements précis et concordants sur ce qui se passe au Japon et au Cambodge. Dans ce dernier pays, il n'y a pas de prescription pour les dettes (2). Une dette ne s'éteint jamais. Mais d'autre part toute terre abandonnée pendant trois ans peut être occupée par le premier venu. Celui qui a cultivé une terre pendant trois ans en devient propriétaire à moins que la prescription n'ait été interrompue soit par une notification, soit par une reconnaissance (3).

Au Japon, la prescription libératoire était admise par la coutume, mais seulement pour les dettes d'argent, ce qui montre que tel n'était pas le droit primitif. Quant à la prescription acquisitive, il n'y en a pas de trace. Cela tient sans doute à ce que, de temps immémorial, il a été tenu, au Japon, des registres publics pour les transmissions de propriété.

Revenons maintenant en Europe et parcourons les lois

(1) Kovalevski, *Loi et Coutume dans les pays du Caucase.*

(2) Leclère, *Recherches sur la législation Cambodjienne*, 1890, p. 265 282.

(3) Wigmore, *New Codes and old Customs of Japan*, p. 23.

des peuples du Nord, qui n'ont pas subi ou n'ont subi que tard l'influence romaine. On ne trouve dans l'ancien droit scandinave aucune trace de prescription pour les actions personnelles. C'est seulement dans la loi norvégienne de Frostating, rédigée vers l'an 1260, que l'on voit apparaître une prescription pour les créances d'argent. Elle est de dix ans à partir de l'échéance. Si le créancier est mineur ou absent, le délai ne commence à courir que du jour de sa majorité ou de son retour. Vers la même époque une prescription s'introduit pour la poursuite des crimes. Elle est de douze mois à partir du jour où la partie intéressée a eu connaissance du fait commis. Au contraire, toutes les anciennes lois scandinaves reconnaissent que celui qui a occupé et cultivé un terrain pendant trois ans, au vu et au su du propriétaire et sans opposition de la part de celui-ci, en devient par là-même propriétaire. Le délai de trois ans répond à l'assolement triennal généralement usité dans tout le nord de l'Europe. Il n'est, du reste, question ni de bonne foi ni de juste titre. C'est là une idée qui n'apparaît que vers le xve siècle, sous l'influence du droit germanique qui la tenait lui-même du droit romain.

Un phénomène analogue s'est produit dans tous les pays slaves, sans exception, en Bohême, en Pologne, en Russie, dans les régions du Balkan. Partout la prescription extinctive est restée longtemps inconnue. Tout récemment encore, au Montenegro, un proverbe disait : « Même après cent ans, je puis te réclamer ce que tu me dois. » Par contre il n'est pas un seul de ces pays où la possession continuée paisiblement pendant trois ans n'ait conduit à la propriété.

Il n'en était pas autrement chez les anciens Germains. Chez eux, la durée des actions en justice ne paraît pas avoir été soumise à une limite quelconque. En revanche, la possession paisible, continuée pendant un certain temps, créait un droit. Le terme était même très court, car on se contentait le plus ordinairement d'un an et un jour, comme on le voit déjà dans un texte de la loi salique.

Le droit ainsi créé était-il la propriété absolue, telle que nous la comprenons? Il paraît bien que la possession d'an et jour n'excluait pas toute revendication formée par un tiers. Elle conférait seulement au possesseur un double avantage en ce qu'elle le dispensait de produire son garant, c'est-à-dire son auteur, et lui permettait de repousser la revendication en prêtant serment, ce qui lui faisait une situation semblable à celle des acquéreurs de biens nationaux dans la loi d'Halicarnasse. Il était à lui-même son propre garant, comme dit la coutume de Soest en Westphalie, rédigée en l'an 1120. Pour que la possession d'an et jour fît obstacle à toute revendication il fallait qu'elle eût été précédée de l'ensaisinement par justice. C'est ce que décidaient expressément les coutumes de Lübeck et de Hambourg. Cette formalité de l'ensaisinement devint générale en Allemagne à partir du XVIIe siècle, quoique contraire au droit romain, qui s'était introduit dès le XIIIe siècle à titre de droit commun de l'Empire. Avec le temps il s'opéra une fusion entre ces règles d'origine diverse et de caractère différent. Ce qu'il est important pour nous de remarquer c'est l'institution des livres fonciers qui a inauguré, en ce qui concerne la transmission de la propriété immobilière, un régime nouveau, en sorte que la prescription acquisitive est devenue à peu près inutile et tend à disparaître complètement.

Après cette excursion un peu lointaine dans les législations anciennes, il est temps pour nous de rentrer en France où nous retrouvons la tradition romaine.

Quand les barbares s'y établirent au VIe siècle ils y trouvèrent le code Théodosien qui avait été publié en 438, et par conséquent la constitution de 424 qui instituait la prescription de trente ans. Cette constitution fut reproduite dans la loi romaine des Wisigoths, publiée en 506, et dans la loi romaine des Burgondes qui paraît être de la même époque, à quelques années près. Après avoir maintenu le droit romain pour leurs sujets gaulois, les barbares s'empressèrent d'accepter pour eux-mêmes cette loi, qui convenait à l'état de la propriété et aux besoins du temps. Les Burgondes avaient d'abord adopté un délai de quinze ans pour les actions en rescision des contrats passés par des mineurs. Ils avaient aussi admis que le colon pouvait prescrire la liberté de la terre qu'il cultivait, quand il était resté quinze ans sans payer de redevance. Enfin, en 515, une novelle insérée au code de Gondebaud introduisit d'une manière générale la prescription de trente ans pour toutes les actions, réelles ou personnelles. (Titre 79.)

Le *Codex rescriptus* de la loi des Wisigoths, qui remonte probablement au temps où les Wisigoths occupaient encore la Gaule méridionale, contient une disposition toute semblable (§ 277). Il ajoute que les *mancipia fugitiva* ne pourront être remis en servitude après cinquante ans. Passé le même délai les *sortes romanæ et gothicæ* ne pouvaient plus être révoquées.

Les Francs suivirent l'exemple des Wisigoths et des Burgondes. En 560 un édit de Clotaire Ier proclama la prescription de trente ans (art. 13), du moins pour l'église et les *provinciales*. Mais en réalité la disposition s'appliquait à tous, comme on le voit par l'édit de Childebert II de 595, qui rappelle la prescription de trente ans et introduit en outre celle de dix ou vingt ans, empruntée à la législation de Justinien.

Le droit romain, maintenu par la législation mérovingienne et carolingienne est resté le droit commun de la France. Ses dispositions ont pénétré dans les coutumes. Beaumanoir constate que la propriété s'acquiert par dix ans de possession paisible, avec juste titre, et par trente ans de possession paisible sans juste titre, « excepté ce qui est tenu en douaire ou à vie, ou à ferme, ou par engagement ». Il reconnaît aussi la prescription de quarante ans d'église contre église quand le plaid est en cour laie. Nous ne pouvons énumérer ici toutes les coutumes. Remarquons seulement que, tout en adoptant au fond le système romain, elles y apportent certaines modifications intéressantes. Ainsi la coutume de Normandie réduit le délai de la prescription à un an ou à six mois pour certaines actions, comme celles des marchands en gros ou en détail. La coutume de Paris réduit à un an l'action des médecins. Le salaire des ouvriers se prescrit en général par un délai très court; à Orléans, par quarante jours.

Tandis que la prescription de trente ans est admise dans toutes les coutumes, il y en a plusieurs qui rejettent la prescription par dix ou vingt ans. Telle est la coutume d'Orléans. Celle d'Auvergne ne reconnaît que la prescription de trente ans, à laquelle elle ramène toutes les prescriptions plus longues ou plus courtes. Celle de Bretagne combine la prescription de dix ans avec le système des bannies et des appropriances. Ailleurs la prescription contre l'Église et les communautés est portée à quarante ans. Partout il est admis que la prescription ne court pas contre les mineurs et incapables.

En somme, néanmoins, c'est le droit romain qui triomphe non seulement dans les pays de droit écrit, mais encore dans les pays de coutume et notamment dans la coutume de Paris. Mais à côté des coutumes il faut considérer les ordonnances qui, depuis le seizième siècle, ont modifié la théorie de la prescription sur des points essentiels.

Nous rencontrons tout d'abord la grande ordonnance du mois de juin 1510 portant règlement pour les affaires ecclésiastiques et la réformation de la justice.

L'article 46 porte que toutes actions en rescision, fondées sur dol, fraude, circonvention, crainte, violence ou déception d'outre moitié de juste prix se prescriront dorénavant, tant en pays coutumiers que de droit écrit, par le laps de dix ans, à compter du jour où les actes auront été faits, et ce nonobstant statuts, coutumes ou usances quelconques à ce contraires. Cette disposition rencontra néanmoins certaines résistances. Ainsi les coutumes d'Anjou et du Maine maintinrent expressément la prescription de trente ans pour les actions en rescision et n'en furent pas moins enregistrées au parlement de Paris, nonobstant l'ordonnance de 1510.

L'article 48 de la même ordonnance dispose que le salaire des greffiers pour les procès par eux reçus ne pourra être réclamé par eux que dans les trois ans après lesdits procès finis, sans préjudice des ordonnances antérieures qui ont institué des délais plus courts.

L'article 67 porte que les serviteurs devront demander leurs loyers et salaires dedans un an, à compter du jour où ils seront sortis hors de leurs services, et ne pourront demander dedans ledit an que les loyers et gages des trois dernières années qu'ils auront servi.

Aux termes de l'article 68, tous gens de métier et marchands vendant ou distribuant leurs denrées et marchandises à détail devront dorénavant demander le payement de leurs dites denrées, ouvrages ou marchandises par eux fournies, dedans six mois à compter du jour auquel ils auront baillé ou livré la première denrée ou ouvrage, ensemble ce qu'ils auront baillé ou livré depuis icelui jour, dedans six mois.

Enfin l'article 71, pour remédier aux abus provenant de l'accumulation des arrérages de rentes, porte que les acheteurs de telles rentes et hypothèques ne pourront demander que les arrérages de cinq ans ou moins.

Ces dispositions méritaient d'être signalées car elles sont toutes demeurées en vigueur et ont passé dans le code civil. Les grandes ordonnances du XVIe et du XVIIe siècle en étendirent l'application. C'est ainsi que l'ordonnance de 1539 (art. 134), soumit à la prescription de dix ans les actions en nullité ou rescision de contrats passés par des mineurs, et déclara que ces actions seraient éteintes une fois que lesdits mineurs seraient parvenus à l'âge de trente-cinq ans accomplis. L'ordonnance de 1629 (art. 142) étendit la prescription de cinq ans aux loyers des maisons et au prix de ferme des biens ruraux. Mais cette dernière disposition ne fut pas reçue dans tous les Parlements. Ceux de Bordeaux et de Rouen, notamment, la repoussèrent et maintinrent même à l'égard des loyers et fermages la prescription de trente ans.

L'ordonnance du commerce, de 1673, reproduisit les dispositions de l'ordonnance de 1510, relatives aux marchands en gros et en détail et déclara que toutes actions en matière de lettres de change seraient prescrites par cinq ans.

Enfin le titre XII de l'ordonnance de la marine, en 1681, déclara soumises à la prescription d'un an, la plupart des créances résultant du commerce maritime.

Ajoutons enfin que l'action civile résultant d'un crime ou d'un délit était soumise à la même prescription que l'action publique, et, comme celle-ci, s'éteignait en général par vingt ans, la prescription de l'action civile se trouvait ainsi réduite de dix ans.

Si l'on réunit toutes les prescriptions diverses usitées à la fin du XVIIIe siècle, on en compte au moins vingt-quatre, depuis celle d'un mois jusqu'à la prescription immémoriale. On peut en voir le tableau complet dans le répertoire de Merlin, au mot *Prescription.*

Parvenus à ce point de notre étude, arrêtons-nous un moment pour dégager l'idée générale suggérée par l'observation et le rapprochement des faits. Ainsi que nous l'avons fait pressentir au début de ce mémoire, la prescription à l'effet de se libérer et la prescription à l'effet d'acquérir sont des institutions essentiellement différentes quoique tendant aux mêmes fins. La première est inconnue au droit primitif et n'apparaît qu'au moment où l'État arrive à un certain degré de civilisation. A mesure que les relations des hommes se multiplient, la loi tend à renfermer la durée des actions dans des limites de plus en plus étroites. Quant à la seconde, on doit au contraire la tenir pour un fait primitif, seulement elle ne produit pas le même effet partout ni toujours. Tantôt elle ne fait que consolider la possession et n'exige que le temps nécessaire pour que la possession puisse être considérée comme sérieuse et effective ; tantôt elle confère la propriété et le délai devient alors beaucoup plus long, quoique la loi tende naturellement à l'abréger. Au second point de vue, la prescription acquisitive peut même être remplacée par certaines mesures calculées pour assurer la publicité et la conservation du droit de propriété.

Voyons maintenant quelle a été l'œuvre des rédacteurs des Codes français et demandons-nous si cette œuvre répond aux besoins actuels de la Société. Le Code civil a simplifié l'ancien état de choses. Il a ramené l'unité dans la législation en revenant au système romain : prescription acquisitive par dix ou vingt ans de possession avec juste titre et bonne foi, ou par trente ans de possession simple, prescription extinctive de toutes les actions par trente ans, suspension de la prescription à l'égard des incapables. Il a conservé toutefois certaines prescriptions abrégées, introduites par les anciennes ordonnances, notamment la prescription de dix ans pour les actions en nullité ou rescision, celle de cinq ans pour les loyers, intérêts et revenus périodiques. Du reste le système est exactement celui des constitutions de Théodose II et de Justinien.

Ajoutons que dans certains cas particuliers, comme pour les marchands, ouvriers et gens de travail, domestiques, médecins, avoués, le délai de la prescription varie de six mois à deux ans et même cinq ans, sous la réserve du serment qui peut être déféré au débiteur.

Quant à la propriété mobilière, elle est soumise à la règle :

en fait de meubles possession vaut titre. La prescription ne s'applique qu'aux choses perdues ou volées. Elle dure trois ans.

Le Code de commerce a aussi introduit ou reproduit quelques prescriptions abrégées. Ainsi, après la dissolution d'une société toutes actions contre les associés non liquidateurs se prescrivent par cinq ans (art. 64). Même délai pour toutes actions relatives aux lettres de change et billets à ordre (art. 189). Enfin en matière maritime les prescriptions sont en général réduites à un an ou à cinq ans (art. 430, 434).

Le Code d'instruction criminelle soumet l'action civile résultant d'un crime, d'un délit ou d'une contravention à la même prescription que l'action publique. Elle se trouve ainsi réduite, suivant les cas, à dix ans, trois ans, ou un an, alors même qu'elle serait portée devant la juridiction civile.

Les lois fiscales ont introduit des prescriptions particulières de courte durée.

Enfin la loi de finances du 29 janvier 1831 (art. 9), a soumis toutes les créances contre l'État à la déchéance de cinq ans lorsqu'elles n'ont pu être liquidées, ordonnancées et payées dans ce délai, à partir de l'ouverture de l'exercice auquel elles appartiennent.

Quelques-unes de ces prescriptions particulières ont été modifiées, quant au délai, par des lois récentes dans le détail desquelles il est inutile d'entrer. La plus importante est celle du 11 avril 1888 qui a réduit à un an ou à cinq ans toutes les actions résultant du contrat de transport (code de commerce, art. 108).

Tel est l'état actuel de la législation française. Il est loin d'être satisfaisant, et ne répond plus aux besoins de notre société moderne.

En instituant la prescription les législateurs ont voulu que la propriété ne fût pas longtemps incertaine et que les réclamations des hommes les uns contre les autres fussent promptement terminées. L'ordre public est intéressé à ce que les comptes soient réglés le plus tôt possible. Acquéreurs ou débiteurs ne peuvent pas rester pendant de longues années exposés à des procès, d'autant plus dangereux qu'ils ont été longtemps différés et que dans l'intervalle les moyens de défense ont pu périr. Les délais de la prescription doivent donc être calculés de manière à assurer ce résultat en laissant aux créanciers et anciens propriétaires le temps nécessaire pour faire valoir leurs droits, mais pas plus.

Les délais institués par le droit romain se justifiaient au temps de Théodose et de Justinien. Les guerres étaient fréquentes, l'ordre mal assuré, les communications lentes et difficiles. Dans ces conditions on comprend que la prescription acquisitive, portée à dix ans entre présents ait été étendue jusqu'à vingt ans entre absents, c'est-à-dire entre habitants de provinces différentes. On peut comprendre que la prescription extinctive ait été fixée à trente ans. Mais aujourd'hui, dans l'état actuel des relations sociales, ces délais devraient être fortement abrégés. Les anciennes ordonnances avaient commencé cette réforme, ne serait-il pas temps de la reprendre et de la compléter?

Il y a surtout quatre points qui peuvent être immédiatement réformés sans aucun danger.

1° En ce qui concerne la prescription avec juste titre et bonne foi, on peut conserver le délai de dix ans, mais en supprimant le délai de vingt ans entre absents. Quelle que soit la distance, un même délai suffit ;

2° La prescription de trente ans, soit à l'effet d'acquérir, soit à l'effet de se libérer, peut être réduite sans inconvénient à vingt ans. C'est le délai admis en Norvège et en Danemark. En Angleterre il a été réduit à douze ans. En Suède et en Russie on se contente d'un délai de dix ans.

En réduisant d'un tiers le délai actuel, on rendrait plus promptement la propriété certaine, et on faciliterait la transmission L'établissement de propriété dans les actes de vente serait plus facile, moins long et par conséquent moins coûteux. Tout au plus pourrait-on maintenir le délai de trente ans pour l'acquisition des servitudes. La réduction n'est pas moins nécessaire au point de vue de la prescription extinctive. Celui qui attend vingt-neuf ans pour faire un procès est au moins suspect de mauvaise foi. Dans tous les cas il est presque toujours coupable de négligence (1).

3° Dans cet ordre d'idées il est indispensable de supprimer la suspension de la prescription à l'égard des incapables. Cette suspension ne sert qu'à prolonger indéfiniment l'incertitude. Ne suffit-il pas de proclamer la responsabilité des tuteurs, d'autoriser même certaines personnes à agir dans l'intérêt de l'incapable avec l'autorisation du conseil de famille ? N'en est-il pas ainsi déjà pour toutes les prescriptions abrégées, notamment pour celles de cinq et de dix ans ?

4° Ce serait déjà beaucoup de réduire à vingt ans la plus longue prescription extinctive, mais ce ne serait pas assez. En matière commerciale un délai de dix ans ou même de cinq ans aurait certainement de grands avantages et supprimerait un grand nombre de méchants procès.

Une réduction semblable serait utile même pour certaines actions purement civiles. Quand l'action civile résultant d'un crime se prescrit par dix ans, et celle qui résulte d'un délit par trois ans, n'est-il pas étrange que l'action en réparation d'un délit purement civil ou d'un quasi-délit dure trente ans ? Faut-il trente ans pour agir contre l'auteur d'une imprudence ou d'une négligence, ou

(1) La loi du 1er juillet 1885 sur la propriété immobilière dans la Tunisie, tout en introduisant les dispositions du Code civil sur la prescription, a réduit à vingt ans la prescription de trente ans (art. 341).

contre la personne que la loi déclare responsable d'un accident ? La vérificatlon est-elle possible si elle n'a pas lieu immédiatement? Toutes les actions de ce genre, et on sait combien elles sont nombreuses, devraient être soumises à la même prescription que les actions résultant d'un délit caractérisé et puni par la loi d'une peine correctionnelle.

La législation actuelle produit ce singulier résultat qu'un homme poursuivi en dommages-intérêts pour un délit purement civil, ou un quasi-délit, c'est-à-dire pour faute, négligence ou imprudence, peut avoir intérêt à plaider que le fait qu'il a commis est un véritable délit, prévu et puni par le Code pénal, afin de bénéficier d'une prescription plus courte. Cela se voit souvent devant les tribunaux, et un résultat aussi choquant ne saurait être approuvé.

Telles sont les réformes les plus essentielles et les plus urgentes.

Objectera-t-on, en ce qui concerne la prescription à l'effet d'acquérir, que peut-être il y aura lieu de la supprimer complètement dans l'avenir si les transmissions de propriété sont soumises à un nouveau régime par suite de l'institution des livres fonciers? Mais une réforme aussi radicale, qui suppose la réfection du cadastre, entraînera des frais énormes et peut se faire attendre longtemps. Ce n'est donc pas une raison pour renoncer à remanier les lois sur la prescription, qui dans toutes les hypothèses seront appliquées longtemps encore. La réforme que nous demandons ne touche qu'à un petit nombre d'articles de nos codes. Elle n'en atteint pas l'économie générale. Elle est donc sans danger. Si après quelques années elle paraît insuffisante, il sera toujours facile d'aller plus loin dans la voie que nous indiquons. Quand il s'agit de modifier la législation civile, la prudence commande de marcher pas à pas.

Une dernière observation. La loi de finances de 1831 a

créé une déchéance de cinq ans opposable à tous les créanciers de l'État, mesure indispensable pour assurer la bonne administration des finances publiques et l'application des règles de la comptabilité. On sait qu'avant cette loi le Gouvernement n'avait d'autre ressource que de mettre, de temps en temps, l'État en liquidation et d'établir des déchéances par lois spéciales, à titre de mesures extraordinaires. Aujourd'hui on les a remplacées par une loi générale et permanente et on a bien fait. Mais la loi de 1831 ne s'applique qu'à l'État. Ni les départements, ni les communes, ni les établissements publics ne peuvent s'en prévaloir. Pourquoi ne pas les assimiler à l'État à ce point de vue, alors qu'ils sont soumis comme l'État aux règles de la comptabilité publique ? Pourquoi permettre à leurs créanciers de troubler, par une négligence peut-être calculée, l'équilibre des budgets ?

Presque tous les codes modernes sont entrés avec plus ou moins de résolution dans la voie que nous venons d'indiquer. Il serait curieux de les reproduire dans un tableau synoptique. Nous devons nous contenter ici de quelques observations.

Dans tous les pays scandinaves les Codes du XVIIe et du XVIIIe siècle ont fixé à vingt ans la durée de la prescription libératoire, et acquisitive. En Suède, le délai de la première a été réduit à dix ans par une loi de 1800. En Angleterre toutes actions tant réelles que personnelles ont été longtemps soumises à la même prescription uniforme de vingt ans. Ce délai a été réduit à douze ans par un statut de 1874, en vigueur depuis 1879. L'ancienne règle qui n'admettait aucune prescription contre le roi : *Nullum tempus occurrit regi*, a été abolie et il y a aujourd'hui, en ce cas, une prescription de soixante ans.

En Russie le délai uniforme de toutes les prescriptions est aujourd'hui de dix ans. S'il y a juste titre suivi de mise en possession, le possesseur devient propriétaire en deux ans. L'action en nullité du titre se prescrit par le même laps de temps. Le nouveau Code du Montenegro a reproduit les anciens délais du droit romain, mais en se réservant de les abréger dès que l'institution de la prescription sera mieux acclimatée dans un pays qui jusqu'à ces derniers temps ne la connaissait pas, à ce point qu'il a fallu créer dans la langue un mot nouveau pour la désigner.

Dans le midi de l'Europe, l'Italie, l'Espagne et le Portugal ont été régis jusqu'au milieu de ce siècle par le droit romain, ou par notre Code civil. Le Code portugais de 1867 abrège les délais de la prescription à l'effet d'acquérir les immeubles. Elle s'opère aujourd'hui, lorsqu'il y a bonne foi, soit par la possession de cinq ans, soit par dix ans lorsqu'il y a titre enregistré, soit par quinze ans quand le titre n'a pas été enregistré. — Le Code italien de 1866 a été beaucoup plus hardi. Il a supprimé toutes les causes de suspension, réduit à cinq ans la durée des actions rescisoires et révocatoires, de trois à deux ans celle de la revendication des meubles. Enfin il renferme dans un délai uniforme de dix ans la prescription par la possession avec juste titre et bonne foi, sans doubler ce délai au profit des absents. — Le code espagnol de 1889 a suivi l'exemple du Code italien. Il n'admet aucune suspension de la prescription et réduit la durée des actions personnelles à quinze ans au maximum.

Ainsi l'expérience a été faite presque partout. Les délais de la prescription ont été simplifiés ou abrégés et il ne s'est manifesté aucun inconvénient. En suivant cet exemple, la France ne courrait aucun danger et ne ferait d'ailleurs que se conformer à sa tradition.

Orléans. — Imp. Paul Pigelet.

www.ingramcontent.com/pod-product-compliance
Ingram Content Group UK Ltd.
Pitfield, Milton Keynes, MK11 3LW, UK
UKHW020455220726
13923UKWH00006B/2555

9 782019 239787